★ ★ ★ ★ ★ EL ★ ★ ★ ★

FERROCARRIL

CRUZA EL PAÍS

POR RENA KORB

PEARSON

Scott
Foresman

Oficinas editoriales: Glenview, Illinois • Parsippany, Nueva Jersey
Nueva York, Nueva York
Oficinas de ventas: Needham, Massachusetts • Duluth, Georgia • Glenview, Illinois
Coppell, Texas • Sacramento, California • Mesa, Arizona

¡Caminos al Oeste!

En mayo de 1869, los estadounidenses celebraron la terminación del **ferrocarril transcontinental** después de seis años de trabajo. Ahora los que querían cruzar el país podían hacerlo en 10 días o menos.

Hoy en día se puede cruzar el país de costa a costa de muchas formas. Unos viajan en avión porque es más rápido; otros viajan en carro, en autobús o en tren.

Sin embargo, en el siglo XIX no había muchas formas de viajar al Oeste. Se podía dar la vuelta a América del Sur por mar o navegar hasta Panamá, atravesarlo y continuar por la costa del océano Pacífico hacia el norte. También se podía cruzar el país en carretas cubiertas. Esos sistemas de **transporte** demoraban meses, y eran costosos y peligrosos.

Uno de los sueños de los estadounidenses se cumplió con la construcción del ferrocarril transcontinental.

En 1830 hubo una carrera histórica: una pequeña locomotora de vapor llamada *Tom Thumb* compitió con un vagón tirado por un caballo. Muy pronto los nuevos ferrocarriles reemplazaron a los caballos.

Llega el ferrocarril

La historia de los ferrocarriles en los Estados Unidos comienza en la década de 1820. Las primeras rutas se construyeron en el este porque ahí quedaban casi todas las ciudades. Pero incluso en las ciudades, el caballo era el sistema de transporte más común.

En 1830 una locomotora llamada *Tom Thumb* compitió con un vagón tirado por un caballo. El *Tom Thumb* no era de caballos; tenía un motor a vapor. Aunque perdió la carrera porque el motor se dañó, los **ingenieros** estaban convencidos de que los ferrocarriles pronto reemplazarían a los caballos.

El comienzo del ferrocarril transcontinental

En el siglo XIX, los Estados Unidos estaban cambiando y creciendo. Tras la guerra con México en 1848, obtuvieron más tierras en el Suroeste. En 1849 llegaron miles a California durante la **fiebre del oro**. Al año siguiente California se volvió estado.

Al principio la idea del ferrocarril transcontinental parecía absurda. En 1835, los Estados Unidos apenas tenían 1,000 millas de vías. Pero a medida que el país se extendió al oeste, se extendieron las vías férreas. Finalmente se llegó a la conclusión de que cruzar el país en tren era una buena idea.

En 1853, el gobierno mandó ingenieros a estudiar cinco rutas posibles. Mientras el Congreso discutía cuál era la mejor, el ingeniero de ferrocarriles de California Theodor Judah puso manos a la obra.

En 1861, Judah convenció a cuatro hombres de negocios de California de crear el ferrocarril Central Pacific. Los dueños de la compañía, apodados "los cuatro grandes", fueron al Congreso y anunciaron que estaban listos para comenzar la construcción del ferrocarril transcontinental.

Leland Stanford fue uno de "los cuatro grandes". Era hombre de negocios y gobernador del estado de California.

El ferrocarril transcontinental

En 1862, el Congreso aprobó la Ley del Ferrocarril del Pacífico. Le dio a la compañía Central Pacific el derecho de tender la vía desde Sacramento, en California, hacia el este. El gobierno también formó la compañía del ferrocarril Union Pacific para tender la vía al oeste. Las dos vías se encontrarían.

El ferrocarril Central Pacific organizó una ceremonia en Sacramento para comenzar los trabajos en enero de 1863. Después de los discursos, los trabajadores hundieron las palas en el suelo. ¡Comenzaba la construcción del ferrocarril transcontinental!

Al principio la obra avanzó muy lentamente. En septiembre de 1865, los trabajadores del ferrocarril Central Pacific apenas tenían listas 55 millas de vía.

Esta postal muestra la primera
locomotora del ferrocarril
Central Pacific que operó desde
Sacramento, California.

Construcción de las vías

Primero, los ingenieros eligieron la ruta del
ferrocarril. Luego los trabajadores quitaron
árboles y rocas del camino. Después empezaron
a construir la plataforma de la vía, o superficie
sobre la cual se tienden los rieles.

Cuando estaba lista la plataforma, grandes
cuadrillas de trabajadores tendían las vías.
Primero ponían los durmientes, o vigas de
madera, firmemente en el suelo. Encima venían
dos largos rieles de hierro. Finalmente clavaban
los rieles a los durmientes con remaches.

El trabajo en el ferrocarril

Al comienzo, el ferrocarril Central Pacific tuvo dificultades para conseguir trabajadores. El trabajo era difícil y peligroso. Muchos obreros querían ganar más de 35 dólares mensuales, que era mucho dinero en ese tiempo. Al principio de 1865, el ferrocarril Central Pacific apenas tenía unos pocos centenares de **inmigrantes** irlandeses contratados.

Para solucionar este problema, contrató a inmigrantes chinos. En el verano de 1865 llegaron 50 trabajadores. Al comienzo, sus compañeros los recibieron mal; pero ellos demostraron ser trabajadores hábiles, fuertes y valientes.

Inmediatamente la compañía contrató a más inmigrantes chinos en San Francisco. También mandó agentes a China a reclutar más trabajadores. Al final, unos 10,000 inmigrantes chinos hicieron casi todo el trabajo de la construcción del ferrocarril.

Miles de trabajadores del ferrocarril transcontinental eran inmigrantes chinos.

La Sierra Nevada

Las cuadrillas del ferrocarril Central Pacific encontraron la parte más difícil del trabajo después de salir de Sacramento. Tenían que tender vías que atravesaran la Sierra Nevada, una cordillera con picos de miles de pies de altura.

Construyeron la plataforma en las laderas empinadas trabajando hasta seis días a la semana. Tuvieron que dinamitar barrancos y abrirse paso entre las rocas. También cavaron 15 túneles que atravesaban las montañas. Los trabajadores no tenían equipo moderno, así que trabajaban con picos, palas, hachas, animales, carretillas y pólvora.

Un crudo invierno

Los trabajadores del ferrocarril Central Pacific abrían túneles cerca de la cima de una montaña cuando llegó el invierno de 1866. Siguieron meses de temperaturas heladas, montañas de nieve y muchas tormentas. ¡Una tormenta duró 13 días!

Ese invierno, los trabajadores vivieron en túneles bajo la nieve o en chozas en las montañas. Siguieron trabajando todos los días, pero apenas podían construir 8 pulgadas de vía diarias.

Muchos trabajadores
murieron bajo avalanchas
de nieve durante el
invierno de 1866 a 1867.

El trabajo del ferrocarril Union Pacific

El trabajo del ferrocarril Union Pacific era mucho más lento. Omaha, Nebraska, fue el lugar elegido para comenzar la vía al oeste. Sin embargo, la Guerra Civil retrasó los trabajos hasta 1865.

Al terminar la guerra, cuadrillas de inmigrantes europeos, antiguos soldados y afroamericanos libres tendieron los rieles al oeste cruzando las praderas.

Los indígenas americanos fueron el problema más serio para el ferrocarril Union Pacific. La vía pasaba por los campos de caza de búfalos y los indígenas intentaron alejar el tren atacando a las cuadrillas de trabajadores. Pero el ejército llegó a protegerlos y el "camino de hierro" siguió hacia el oeste.

Carrera hasta la meta

En 1868, la vía del ferrocarril Central Pacific bajó de la Sierra Nevada. Ahora las dos compañías estaban en tierras llanas. Los trabajadores se apuraban para ganar más dinero.

Pero había un problema. Las dos compañías nunca eligieron el lugar para conectar las vías. En la primavera de 1869, las plataformas no se conectaban. ¡Pasaban a más de 100 millas de distancia!

El presidente Andrew Johnson y el Congreso obligaron a los dueños de las dos compañías a buscar una solución. Entonces eligieron el lugar para conectar las vías: Promontory, en Utah.

Ahora, las cuadrillas de cada compañía querían ser las primeras en llegar a Promontory. La carrera para ver cuál llegaba primero acaparó la atención de todo el país. El avance de la vía se seguía con interés en los periódicos milla por milla.

El final de la carrera

La carrera por terminar hizo que las cuadrillas de ambas compañías trabajaran a toda velocidad. Los trabajadores del ferrocarril Central Pacific tendieron 6 millas de vía en un día. Poco después, las cuadrillas del ferrocarril Union Pacific tendieron 7 millas en un día.

El 28 de abril, una cuadrilla del ferrocarril Central Pacific trabajó desde el amanecer hasta las siete de la noche. Estableció el nuevo récord al tender 10 millas de vía. Dos días después, los trabajadores del ferrocarril Central Pacific llegaron a Promontory y dejaron las herramientas. ¡Ganaron la carrera a la meta!

El primer ferrocarril transcontinental, 1869

A veces los valles se rellenaban con tierra para hacer la plataforma para los rieles. Otras veces se construían puentes de caballetes o estructuras de madera.

El gran día

Las cuadrillas del ferrocarril Union Pacific llegaron a Promontory un día después que las del ferrocarril Central Pacific. En seis años las compañías construyeron 1,780 millas de rieles. La vía férrea estaba casi terminada.

Una gran celebración conmemoró el suceso en Utah. El 10 de mayo de 1869, periodistas, trabajadores e invitados especiales se reunieron en Promontory. Sólo faltaba un remache para conectar las dos vías.

Leland Stanford, presidente del ferrocarril Central Pacific, caminó hacia los rieles. Trató de clavar un remache de oro con un martillo de plata, pero falló. Luego fue el turno del Dr. Thomas C. Durant, presidente del ferrocarril Union Pacific. ¡También falló!

Momentos después, uno de los trabajadores clavó el último remache y el público gritó emocionado: "¡Terminado!". Todo el país celebró con discursos, desfiles y toque de campanas.

Empieza una nueva era

Por fin empezó a funcionar el ferrocarril transcontinental. Muchos cruzaron el país. El viaje duraba entre ocho y 10 días. Los pasajeros dormían en camas cómodas, cenaban en los vagones restaurante, y compraban dulces y revistas.

El país cumplió su sueño de extenderse de costa a costa. Empezaba una nueva era. El ferrocarril abrió las puertas de los Estados Unidos al turismo, a los reporteros de viajes y a la gente que buscaba trabajo. En los años siguientes, otros ferrocarriles cruzaron el continente. Muy pronto los trenes conectaron comunidades grandes y pequeñas en todos los Estados Unidos.

Glosario

ferrocarril transcontinental ferrocarril que cruza un continente

fiebre del oro traslado de gente a un lugar donde se descubre oro

ingeniero persona que diseña estructuras como carreteras, puentes y máquinas

inmigrante persona que viene a un país de otro

transporte traslado de cosas, personas o animales de un lugar a otro